COUP-D'ŒIL POLITIQUE

SUR

L'AVENIR DE LA FRANCE.

COUP-D'ŒIL POLITIQUE

SUR

L'AVENIR DE LA FRANCE.

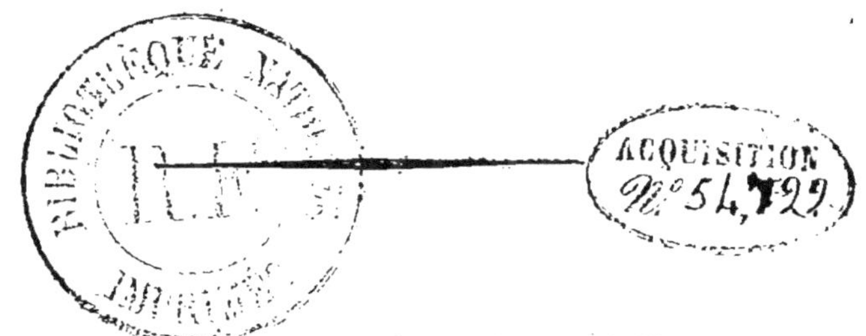

PAR M. DUMOURIEZ.

De ses enfans absens la France est plus chérie;
Plus je vis d'étrangers, plus j'aimai ma patrie.
Siège de Calais, trag. de DUBELLOY.

MARS 1795.

À HAMBOURG,

Et se trouve à Londres, chez J. DE BOFFE.

LA Révolution Françoise étonne l'univers. C'est une tragédie atroce conduite par des monstres, soutenue par des héros. La partie militaire inspire l'admiration, la partie politique répand l'horreur. Jamais nation ne s'est montrée à la fois plus sublime & plus avilie. Le François est invincible comme soldat, il tremble & souffre comme citoyen; intrépide dans les camps & devant les troupes les plus aguerries de l'Europe, dans ses foyers il devient l'esclave d'une poignée de scélérats.

La grande populace du genre humaine, qui n'apperçoit que ce qui frappe par son éclat, admire sans distinction tout ce qui est couronné de succès. Combien même n'est-il pas d'hommes très-honnêtes, qui éblouis par la gloire militaire des François, vont jusqu'à chercher à excuser les

crimes

crimes de leurs gouvernans, en les rejettant sur la nécessité & sur l'enthousiasme de la liberté ?

Quand le crime est heureux, la multitude le regarde presque comme une vertu. C'est par cette erreur que Marat a obtenu les honneurs du Panthéon. C'est ainsi que Robespierre a eu des apologistes, & qu'il se trouve encore des monstres & des insensés qui crient dans Paris: *nous voulons la liberté à la manière de Robespierre.*

Il seroit inutile d'avoir raison tout seul en opposant à la gloire des François leur opprobre, à l'admiration publique l'indignation ou la compassion, si la révolution qui commence à se faire dans l'opinion publique, ne donnoit l'espoir d'un prompt changement qui les ramenera à la vertu & au bonheur. Déjà la saine partie de la nation a osé déchirer le voile funébre qui couvroit toute la France. Déjà le systême de terreur, sorti de l'antre des Jacobins, est remplacé par l'humanité & par la justice.

Déjà la masse du peuple revient de son égarement, montre son horreur contre les Marat, les Robespierre & leurs adhérens. Déjà elle reconnoît qu'elle a remplacé des abus par des excès, & des erreurs par des crimes. Déjà elle avoue
qu'elle

qu'elle a substitué aux vexations du pouvoir ministériel l'oppression sanglante de la tyrannie la plus monstreuse que présente l'histoire des hommes.

Déjà le François reconnoît que tout le monde est esclave & souffre, quand les méchans peuvent faire le mal impunément. Déjà, prenant confiance dans sa force & son courage, fier de ses victoires brillantes, il se dit à lui-même, qu'invincible au dehors, il n'a d'ennemi dangereux que lui-même, que triomphant de toute l'Europe, il reste toujours en guerre contre lui-même, qu'inaccessible aux armées étrangères, il se déchire lui-même avec une barbarie qui dénature l'homme, au point de ne le reconnoître qu'à la recherche & à la variété de ses cruautés.

Jusqu'à présent, dans l'état de révolution qui agite la France, toutes les ames étoient exaltées & fougeuses ; elles passoient d'une extrémité à l'autre, du bien au mal, ne tenant ni au mal ni au bien, mais à leurs passions.

C'étoit un état forcé, trop opposé au caractère national, à la gaieté, à la franchise, à la douceur du François, pour pouvoir durer. Il étoit entraîné par une société monstreuse qui lui faisoit

B 2

croire

croîre que la barbarie étoit l'énergie de la liberté.

Un peuple qu'on a corrompu ne prend que
trop de goût pour ce qui le corrompt davantage.
Si les Jacobins avoient eu un peu plus de mesure
dans leur scélératesse, le François seroit devenu
le peuple le plus féroce de l'univers.

Mais enfin la mesure des crimes a été comblée
trop tôt, pour ne pas faire rentrer en elle-même
cette nation à laquelle il ne manquoit que le
repentir pour être la plus respectable de l'Europe,

L'histoire des méchans est souvent celle des
crimes heureux, mais plus souvent encore celle
des crimes punis. Les Robespierre, Couthon, St.
Just, Carrier, Barrere, Billaud, Collot, ou sont
déjà tombés, ou tomberont nécessairement bientôt sous les coups de la vengeance nationale. Les
Jacobins sont dispersés, mais ils ne sont pas encore anéantis. On craint encore les tyrans morts
dans la tyrannie qui n'est pas encore détruite.

DES JACOBINS.

SI le tableau que présentoit la France il y a six mois n'étoit pas hideux, il seroit ridicule. Mais la quantité de veuves & d'orphelins qu'a faits la guillotine, les ruines dont elle a couvert la France depuis dix-huit mois par les mains des monstres qui regnoient, & qui luttent encore contre la vengeance nationale, ne laissent place qu'à des réflexions tristes.

On croyoit qu'il suffisoit de s'être déclarés républicains pour établir la république. De puériles cérémonies constituoient l'état politique de la France. L'acceptation forcée d'une constitution faite avec précipitation, étoit le seul contrat social qui établissoit une tyrannie anarchique. Paris faisoit la loi à la France, comme Rome à toutes les parties de l'empire Romain.

Etoit-ce là une république Françoise? non certainement. C'étoit donc une république Parisienne; pas davantage; car Paris étoit plus esclave & plus malheureux que le reste de l'empire

pire

pire. Qu'étoit donc la France ? C'étoit réelle-
ment

La République des Jacobins.

C'étoient eux qui massacroient, dépouilloient,
tyrannisoient la nation. C'étoient eux qui te-
noient sous le poignard de leurs satellites à quarante sols la Convention Nationale & les sections
de Paris qui avoient eu la foiblesse de se laisser
désarmer par une poignée de scélérats sans aveu.

C'étoient eux qui remplissoient de terreur & de
carnage tous les départemens, qui détruisoient le
commerce & tous les monumens des arts. C'é-
toient eux qui par un raffinement de barbarie
avoient souillé la langue la plus raisonnable & la
plus pure de l'Europe par les mots de *Noyades*,
de *Septembriseurs*, de *Mariages patriotiques*, &c.
qui rappelleront éternellement des tableaux qui
font frémir. C'étoient eux qui à Metz, à Nancy
& dans tant d'autres villes décoroient leurs antres
formidables de lampes lugubres, de tentures
noires & rouges, de poignards, de guillotines.

Ce sont ces mêmes Jacobins que leur chûte
rend encore plus furieux, qui s'occupent jour &
nuit de complots de sang, qui cherchent encore à
égarer le peuple, qui grossissent chaque jour
leurs

leurs listes de proscription; prets a frapper, si on n'achève pas de les abattre; prêts à égorger la Convention pour la punir d'avoir sécoué leur infame tyrannie; prêts à mettre à feu & à sang la capitale où ils ont regné, s'ils parviennent à y regner encore.

Fidèles à leur système développé dans les aveux de Carrier, dans les lettres de Robespierre & St. Just, il leur faut encore plusieurs millions de têtes pour réduire la population qu'ils trouvent trop forte, à la juste proportion de leurs projets tyranniques & spoliateurs.

Et c'est en dressant des autels à la raison & à la liberté, que la frénésie & la tyrannie assuroient l'esclavage d'une nation à laquelle les peuples les plus belliqueux de l'Europe ne peuvent pas résister !

Les François connoissent à présent tous les crimes & le danger de cette hideuse société. Ils ont eu le bon esprit d'aider la Convention Nationale dans les efforts généreux qu'elle a faits pour secouer le joug honteux de ce vils tyrans. Ils se rallient autour d'elle pour la soutenir de la masse entière de leur force, pour achever la destruction du système de terreur qui replongera la

France

France dans de nouvelles calamités, plus terribles que tous les fléaux qui accompagnent la guerre, si cette sociéte n'est pas anéanti pour jamais.

L'opinion publique, ce grand principe de gouvernemens, a déjà proscrit la mémoire de Marat & autres monstres qui ont souillé cette révolution ; elle impose à la Convention le devoir de retirer tous les décrets arrachés en leur faveur, d'augmenter l'horreur pour les crimes, en ôtant à leurs partisans tous les moyens de rétablir cet abominable culte, en chassant de son sein tous les fauteurs de Jacobinisme, & en l'empêchant de se reproduire jamais.

Quand même la Convention, soit par ménagement pour ceux de ses membres qui soutiennent avec indécence les principes des Jacobins & le système de terreur, soit par une fausse idée sur la liberté des opinions, soit par foiblesse, soit par intrigues, garderoit encore des mesures avec cette secte dangereuse, elle ne feroit qu'avancer le moment de l'explosion, suite nécessaire de la frénésie de cette horde de scélérats, dont l'existence fondée sur la violence & le crime, ne peut se soutenir ou se rétablir que par des moyens pareils. La Convention n'auroit fait que retarder par une prudence dangereuse la décision sévère qu'elle sera

toujours

toujours forcée de prononcer, & il en coûteroit plus de sang pour éviter de plus grands malheurs.

Il faut espérer que bientôt la Convention appuyée par la nation entière, anéantira jusqu'au nom de cette secte funeste, dont le tableau qu'on vient de lire n'est qu'une foible esquisse , tirée des rapports faits à la Convention même, à laquelle on va opposer celui des succès presqu'incroyables des armes Françoises.

Quelques réflexions sur la gloire militaire des François ameneront à d'autres plus essentielles sur le parti que la Convention doit en tirer pour assurer le bonheur de la nation, dont la confiance lui impose le devoir sacré de s'occuper uniquement.

SUCCÈS

SUCCÈS MILITAIRES.

DEPUIS le commencement de cette guerre, laquelle, quoiqu'en disent les puissances coalisées, a été l'effet nécessaire des erreurs politiques de plusieurs cours, & ne peut pas être considérée comme une aggression de la part des François, circonstance qui a influé sur ses suites, la fortune entraîne les François à mesure qu'ils avancent. La facilité de réussir les force à ne pas mettre de bornes à leur ambition. Le sort justifie leur témérité, à quelqu'excès qu'ils puissent la porter.

En 1792, dès l'ouverture de la campagne, une armée formidable entre sans opposition dans l'intérieur de la France, les places se rendent sans résistance, l'effroi est universel, le parti de l'ancien gouvernement reprend courage, la nation est consternée, l'assemblée de ses représentans est prête à abandonner la capitale, tout paroît désespéré. Des provinces entières doivent passer sous la domination des étrangers. Tout l'empire doit être

en

en proie à la vengeance, à la guerre civile, à la misère, à la banqueroute.

Un général, à la tête d'une poignée de troupes indécises & désorganisées, malgré les conseils, les ordres, les murmures, prend une position hardie devant cette armée formidable, l'étonne, lui en impose, rend la confiance aux soldats, forme à son tour un armée égale à cette masse nombreuse qui devoit le détruire, & finit par la consumer & la faire disparoître.

Délivré de ce danger imminent, il change la nature de la guerre, & dès la fin de l'année il a conquis les Pays-Bas. C'est bien certainement ce général qui a sauvé sa patrie du joug des étrangers, c'est lui qui a enseigné aux François à vaincre leurs ennemis, c'est lui à qui sa nation doit sa liberté & toute la gloire qu'elle a acquise depuis en suivant la route qu'il lui a tracée. Aussitôt Marat & les Jacobins proscrivent ce général, on désorganise son armée, on arrête ses progrès qui auroient donnée l'année suivante une paix glorieuse & solide à la France.

Ce général est forcé de fuir, proscrit & regardé comme un traître, parce que bien loin de se réunir à la faction sanguinaire de ces anarchistes, il s'est vu forcé de prendre la résolution de la

combattre

combattre pour sauver le corps législatif de sa tyrannie, & la France de ses cruautés. Quel est
son crime ? C'est d'avoir prévenu le jugement
de sa nation sur des monstres, & de n'avoir pas
voulu en être la victime, espérant en délivrer sa
patrie.

François, il ne falloit pas moins que votre
funeste expérience pour vous faire connoître que
ce général, qui vous a paru coupable, auroit donné
son sang pour vous sauver des Marat & des Robespierre, & de ces Jacobins dont vous avez subi
la sanglante tyrannie qui a couvert d'un voile fu-
nèbre votre patrie épouvantée. C'est à coups de
poignards que ces monstres ont déchiré le ban-
deau de votre illusion. Vous êtes redevenus li-
bres ; soyez justes.

En 1793 vos armées désorganisées ont cédé
pendant quelque tems à la masse des assaillans.
La guerre intestine, le déchirement des factions
dans la Convention, la tyrannie de Robespierre
& des Jacobins, le massacre illégal de la faction
de la Gironde, tous les fléaux réunis, ont fait
tomber entre les mains des coalisés quelques-unes
des places fortes sur toutes vos frontières. Mais
bientôt le génie de la liberté a déployé toutes les
ressources d'une nation distinguée par son esprit

& son

& son courage. Tous les arts se sont réunis pour perfectionner l'attaque & la défense. Déjà dès la fin de la campagne on pouvoit prévoir les succès de celle de 1794.

A mesure que la France développoit les plans les plus audacieux, les exécutoit avec une rapidité, une constance & un acharnement toujours couronnés de succès, les coalisés sembloient aveuglés par un esprit de vertige qui rendoit nulles leurs armées frappées de terreur. La mauvaise disposition des cantonnemens des Allemands en Alsace leur a fait perdre le fruit de leurs succès dans cette partie. Entièrement découragés après avoir vu leurs lignes forcées, ils ont pris le parti honteux de faire sauter très-imparfaitement les ouvrages du Fort-Louis, plutôt que de tenter de défendre cette place importante, & par là ils ont préparé aux François la conquête de toute la rive gauche du Rhin.

Leur plan de campagne de 1794, par la grande distance des armées qui devoient opérer, n'avoit ni liaison ni appui mutuel. Des petits corps détachés, formant une longue ligne foible par tout, ne pouvoient défendre aucun des points par où les François tenteroient de pénétrer en masse.

Toute

Toute l'Europe savoit d'avance que les François avoient le dessein de se donner tout l'avantage de la guerre, en la changeant de défensive
en offensive. On savoit même que leur projet
étoit de pénétrer entre Sambre & Meuse, pendant
que leur gauche tourneroit la droite des coalisés
par la Flandre Autrichienne.

Les Impériaux s'étoient fermé eux-mêmes le
moyen de pénétrer en Alsace, par l'abandon du
Fort-Louis ; n'ayant plus qu'un côté pour établir l'offensive, celui de la Flandre & du Hainault, deux provinces qui leur étoient ouvertes
par la trouée de Condé, le Quesnoi & Valenciennes qu'ils avoient conquis en 1793, ils auroient dû, abandonnant le Haut-Rhin à la défense
de l'armée Prussienne qui étoit plus que suffi-
sante, porter toutes leurs forces entre le Luxembourg & la mer.

Si l'armée du comte de Browne avoit débouché sur la Meuse par le siège de Sedan ou Me-
zières, pendant que celle du prince de Cobourg
auroit assiégé Landrecies, ces deux armées auroient soutenu mutuellement leurs opérations ;
celle qui auroit terminé la première son siège,
auroit servi d'armée d'observation à l'autre.
Alors elles se seroient étendues entre la Marne &
l'Oise,

l'Oise, & rien ne les auroit arrêtées jusqu'à Paris, que des batailles dans les belles & riches plaines de la Picardie, où la supériorité de la cavalerie Autrichienne leur auroit donné un avantage incalculable.

Tout le plan d'offensive des François auroit été déjoué par cette disposition qui les auroit forcés à venir au secours de leurs places, & à livrer des batailles dont les Impériaux auroient décidé le champ, les époques & les circonstances.

Ne prenant pas le parti d'une offensive serrée & conjonctive, les coalisés bien avertis du projet téméraire des François de forcer le passage de la Sambre, anroient au moins dû fortifier l'excellent poste de Beaumont à la tête de la principauté de Chimai, & y placer un corps assez considérable pour arrêter l'ennemi, le forcer à un siège, & se donner le tems de réunir sur la Sambre les divisions éparses depuis la Moselle jusqu'à la Meuse. Cette disposition eût empêché la trouée que les François ont faite par la Sambre, laquelle a décidé le succès de la campagne.

Enfin, puisque l'armée du prince de Cobourg devoit d'abord prendre Landrecies, ensuite pénétrer dans la Picardie ou marcher sur Cambrai, il falloit,

falloit, avant de se mettre en mouvement, assurer la Flandre Autrichienne contre l'invasion des François rassemblés dans les camps de Lille & de Cassel, puisqu'on connoissoit pareillement le projet des François de tourner la droite de l'armée alliée, en pénétrant par cette province.

Aucune précaution n'a été prise contre cette attaque. Les coalisés ont laissé sous Ménin le général Walmoden avec sept à huit mille hommes pour s'opposer à l'irruption de deux corps d'armée, dont on ne connoissoit pas le nombre, mais qui certainement devoient former entr'eux deux plus de quarante mille hommes, & on n'a réparé les places que du côté de l'"ennemi, au lieu de les mettre en état de soutenir des sièges.

Les François ont débouché sur tous les points d'attaque avec la confiance & la vivacité qui les caractérisent. Ils ont percé par tout, & ils ont rempli un plan téméraire, qui n'eût réussi par aucun côté, si les coalisés, bien avertis à l'avance, avoient pris des mesures sages & méthodiques. Le plan des François étoit géométriquement inexécutable ; il est devenu géométriquement exécutable par l'esprit de vertige des coalisés, qui ne lui ont opposé aucune défense raisonnable.

Les

Les provinces de Flandres, Tournaisis, Hainault, Brabant & Namur n'offroient plus aucun point de résistance aux armées Françoises, parties de la Flandre Maritime & de la Meuse, & réunies sur les bords de la Meuse par un succès incroyable. Les Impériaux cependant, animés par l'exemple de l'Empereur, avoient fait des efforts aussi obstinés qu'inutiles, pour arrêter les progrès de ces républicains invincibles.

Il eût fallu que les peuples Belges eussent été préparés d'avance à défendre leurs foyers. Mais les fautes du gouvernement de Bruxelles les avoient si fort aliénés, que quoiqu'attachés au personnel de l'Empereur & de l'Archiduc Charles, la haine qu'ils portoient aux préposés de leur souverain leur faisoient faire des vœux pour les François. Ils devoient cependant prévoir que le succès de cette nation entraîneroit leur ruine, en les exposant à l'avarice de leurs commissaires spoliateurs.

Il sembloit que la Meuse devoit mettre un obstacle à leurs victoires, & tous les militaires pouvoient s'imaginer que la campagne se termineroit sur cette rivière. Une armée de quatre-vingt mille hommes, ayant pour point d'appui Maestricht, pour avant-fossé la Meuse, Juliers & la

Roër

Roër appuyant sa gauche, pour retraite la Hollande & ses places fortes, ne sembloit pas pouvoir être dépostée. On ne devoit pas craindre que les François trouvant le Rhin dégarni, commissent l'imprudence de le passer pour s'enfoncer dans la Westphalie, laissant derrière eux quatre vingt mille hommes qui les auroient coupés.

Pendant que l'armée alliée tenoit la position de la Meuse, le maréchal Möllendorff déployoit les talens de son maître, le grand Fréderic, par le dépostement de Lautern, le seul mouvement militaire fait dans cette campagne selon les règles de l'art, mouvement cependant qui, vu son éloignement, n'opéroit aucune diversion en faveur de l'armée des Pays-Bas, mouvement enfin qui aboutit à une inaction inconcevable, suivie d'une retraite qui livra à l'ennemi tout le pays de Tréves.

Cependant l'armée alliée abandonne la position de Maestricht. Des intérêts différens divisent les corps qui la composent. Les Impériaux passent le Rhin, & livrent le duché de Juliers & les archevêchés de Cologne & de Tréves, pendant que les Anglois, les Hanovriens & les Hessois se retirent en Hollande sous le prétexte de la défendre.

L'esprit

L'esprit de vertige & la consternation semblent dès-lors diriger tous les mouvemens des alliés ; on n'y apperçoit pas la moindre trace de l'art militaire. Venloo, Gueldres, Nimègue sont abandonnés, sans qu'on puisse se rendre raison de cette foiblesse, avant que Graves soit assiégé. Il semble que les mouvemens des alliés soient faits pour indiquer aux François par où ils doivent pénétrer.

Bois-le-Duc, mal pourvu de vivres & de garnison, ainsi que toutes les places Hollandoises, se rend sans coup férir. Maestricht, point secouru, est médiocrement défendu. Valenciennes, Condé, le Quesnoy, attaqués par un simulacre d'armée, se rendent sans tirer un coup de fusil. Chaque corps François s'avance précédé d'une colonne de terreur, semblable à la colonne de fumée des Israélites. Aucune place n'attend la grosse artillerie pour capituler.

Un hiver extraordinare achève ce que la terreur avoit commencé. Les places sont tournées sur la glace. Les coalisés, encore aussi forts que les François s'ils s'étoient réunis dans un point central, auroient pu au moins décider le sort de la Hollande par une bataille. S'ils s'étoient présentés ensemble, & que par des manœuvres & une

bonne

bonne contenance ils eussent retardé la marche rapide des François, ceux-ci épuisés, manquant absolument de pain, eussent été forcés de rétrograder sur la Belgique, & n'eussent pas eu le temps de se réparer avant l'ouverture de la campagne de 1795.

Pour opérer l'invasion de la Hollande les François avoient été forcés de réunir sur le même point toutes leurs forces depuis le Haut-Rhin jusqu'à Anvers. Ce mouvement étoit prévu d'avance, annoncé & connu à point nommé. Forts sur cette seule frontière, ils étoient foibles par tout ailleurs. Comment les autres armées des coalisés n'ont-elles pas fait des mouvemens, chacune de son côté, ou pour empêcher les François de se réunir, ou pour les suivre ?

Comment les Prussiens n'ont-ils pas débouché par Manheim ou Maïence, le général Clerfait par Muhlheim ? Ce dernier pouvoit rentrer sans peine dans Cologne, Aix, Liége & les Pays-Bas. On sait bien que ces armées appartiennent à des puissances différentes, mais on diroit à leur conduite que ces puissances sont au moins indifférentes au sort de celle qui est opprimée.

Pendant que ces événemens incroyables se sont passés au nord & à l'est de la France, les Anglois, premier premiers moteurs de cette guerre dont ils partagent les calamités, & dont ils payent presque toute la dépense, excitoient les Vendéens, & les trompoient par un vain espoir de secours & par des simulacres puériles de descente.

Aux Indes, ils avoient conquis tous les comptoirs de Terre-ferme des François, mais ils n'avoient pas osé attaquer les îles de France & de Bourbon, d'où sont sortis des essaims de corsaires qui ont désolé impunément leur riche commerce; ainsi les succès ont été compensés. La révolution de Hollande est un incident très-dangereux pour les Anglois aux Indes.

Dans les Indes Occidentales, les émigrés ont facilité aux Anglois la conquête des colonies Françoises, mais la mortalité qui s'est mise dans leur armée de terre & de mer, la dureté maladroite de leur gouvernement, l'esprit de révolte & de liberté qui a armé les Noirs, leur ont déjà enlevé la Guadeloupe, Ste. Lucie & une partie de St. Domingue, & leurs propres colonies sont menacées.

Dans la Méditerranée, ils ont conquis l'île de Corse par le secours de Paoli, & le Roi d'Angleterre

terre a eu la sagesse de ne pas encore charger sa tête de cette chétive couronne.

Ils sont entrés à Toulon à la faveur des partisans de la constitution de 1789. Mais bientôt la désunion dans les troupes trop peu nombreuses de quatre puissances différentes, la mésintelligence entre les amiraux Anglois & Espagnols pour la spoliation de ce célébre port, la méfiance entre les coalisés & les habitans trompés dans leurs espérances, & surtout le défaut d'un général habile, capable de donner de l'ensemble à cet amas de troupes étrangères les unes aux autres, qui ne pouvoient pas s'entendre & encore moins se concilier, les forcent à abandonner en brigands cette précieuse possession qu'ils n'avoient pas conquise. Le commandant de la place se fait prendre dans une sortie contre toutes les règles de la guerre. Les François attaquent la place en héros à qui rien ne peut résister : mais les bourreaux qui les suivent souillent leur victoire.

Le génie malheureux du ministre Pitt a enfanté cette guerre cruelle : c'est lui qui a présidé à toutes les opérations, c'est lui qui a force le duc de York après la prise de Valenciennes à se séparer du prince de Cobourg, pour aller se faire

battre

battre devant Dunkerque par le brave Houchard
qui périt sous la guillotine.

La guerre de mer a eu pour les Anglois un moment brillant, la bataille du 1 Juin: mais elle
n'a été d'aucune utilité, comme toutes les batailles
navales modernes. Les François n'en ont pas
moins infesté toutes les mers par un corsairage lu-
cratif, qui ruine le commerce Anglois. Le pa-
villon François domine dans la Mer du Nord,
dans celle du Levant & même dans la Méditerranée, quoiqu'ils n'ayent pas fait sortir un seul
vaisseau armé de Toulon.

En Italie, le Roi de Sardaigne & les Impériaux
n'ont pas pu défendre les passages les plus insur-
montables des Alpes, & les François établis à
l'entrée du Piémont & dans la rivière de Génes,
prennent à revers le Piémont, & menacent le Mi-
lanès.

Du côté des Pyrénées, les François, après
avoir reconquis la petite portion du Rousillon en-
vahie par l'Espagnol, l'ont poursuivi dans son
propre pays ; la terreur qui les précède leur a
ouvert déjà les portes d'un partie des principales
villes du nord de ce royaume. Ce peuple sé-
paré du reste de la coalition, & livré à sa propre
foiblesse,

foiblesse, a tout à craindre de la continuation de la guerre.

Cet apperçu rapide des succès de la nation Française depuis trois ans la couvre d'une gloire immortelle. Dans les détails il est quantité de circonstances honorables pour les vainqueurs de l'Europe. Le soldat a montré un courage à toute épreuve, soutenu d'une grande gaieté & d'une humanité que le farouche Robespierre n'a pas pu altérer. Le décret révoltant qu'il avoit arraché à la Convention, par l'organe du vil Barrere, qui ordonnoit de traiter sans quartier les prisonniers Anglois & Hanovriens, est resté sans exécution. Des vainqueurs généreux ont respecté le sang des vaincus.

Plût-à-Dieu qu'ils eussent exercé la même générosité envers leurs compatriotes égarés, qui ont été pris les armes à la main. Le décret contre les Anglois est d'un lâche, celui contre les émigrés est d'un tyran. Les François ont prouvé que le génie de la liberté, égaré par des tyrans sanguinaires, peut enlever aux peuples les plus doux & les plus policés tous les sentimens de la nature.

Cette guerre a développé de grands talens que l'ancien régime eût laisser enfouis & éteints. Les
Pichegru,

Pichegru, Dugoumier, Jourdan & autres, se sont
montrés en même tems grands généraux, bons
soldats & citoyens modestes. Il est bien fâcheux
que d'aussi grands talens, d'aussi grandes vertus,
ayent été les instrumens du système spoliateur &
désorganisateur des hommes de sang & des oi-
seaux de proie qui déchiroient la France.

Ce système s'est développé dès la première conquête des Pays-Bas en 1792. Des commissaires
sont tombés, comme des vautours, dans ces mal-
heureuses provinces. Malgré les proclamàtions
les plus authentiques, ces nouveaux *frères en li-*
berté ont été traités comme des esclaves. Ces
proconsuls, guidés par le financier Cambon, dont
l'avidité fiscale égale l'ignorance en finances, ont
épuisé ces provinces qui se jettoient entre les bras
des François; ils ont aliéné les cœurs de ces peuples, ils ont souillé la gloire des armes de leurs es-
timables compatriotes, sans enrichir la France.

CONSI-

CONSIDÉRATIONS SUR LA HOLLANDE.

L A Hollande vient de se donner avec une volonté encore plus décidée que les Pays-Bas. Voilà un nouvel appât pour l'avidité spoliatrice. Déjà ceux qui tiennent à ce système, aussi imprudent qu'injuste, ne veulent considérer la Hollande qu'en pays conquis. A la vérité il en a coûté du sang & des fatigues pour cette invasion. A la vérité tous les dépôts en argent, marchandises, vaisseaux & munitions de toute espèce, laissés par les coalisés, qui se trouvent accumulés dans les sept provinces, appartiennent bien légitimement aux vainqueurs.

Mais le peuple Hollandois n'a-t-il pas favorisé l'entrée des armées Françoises ? N'est-il pas de fait que si la province d'Utrecht n'avoit pas été au devant des François, les coalisés auroient pu défendre, pied-à-pied, d'abord cette province, & ensuite le reste de la Hollande jusqu'à Amsterdam. N'est-il pas de fait que si les Hollandois, après avoir changé leur gouvernement, n'avoient

pas

pas envoyé l'ordre à leurs commandans militaires & à leurs troupes, de rendre toutes leurs places, il eût fallu faire autant de sièges que de pas pour la conquérir ?

On ne peut donc pas envisager l'invasion de la Hollande comme une conquête. On n'ose même pas tout-à-fait proférer ce mot. La preuve qu'on ne regarde pas les Hollandois comme conquis, c'est qu'on traite avec leur nouveau gouvernement sur les conditions d'une alliance entre les deux nations,

La position respective de ces deux peuples rend la conduite des François très-délicate. Ils n'établiront certainement pas de contributions. Ce mot, qui désigne un pays conquis, ne sera pas prononcé. Mais à titre de réquisitions on cherchera à en tirer tout ce qu'on pourra, & l'effet sera le même.

La situation de la Hollande est affreuse. L'embargo est mis en Angleterre sur tous ses vaisseaux, sur ses marchandises, sur ses fonds. Ses riches colonies sont à la merci des Anglois. Si les Hollandois s'allient avec la France, tout est déclaré de bonne prise par l'Angleterre, qui trouvera dans la dépouille de cet ennemi foible & riche, le dédommagement de ses pertes, & de

nouvelles

nouvelles ressources pour la continuation de la guerre.

Si les Hollandois ne concluent pas l'alliance avec la France, cette puissance les traitera en pays conquis, & les contributions acheveront de les ruiner. La Hollande doit nécessairement se décider entre ces deux extrêmes : car la France ni l'Angleterre ne lui laisseront pas la ressource de la neutralité, qui seule pourroit la sauver. L'intérêt de ces deux puissances s'y oppose, surtout celui de l'Angleterre.

Tout paroît beau dans le commencement d'une révolution. Les passions exaltées éteignent le raisonnement. Mais comme les maux de la Hollande se feront sentir à cette nation dès ses premiers pas dans la dangereuse carrière qu'elle a à parcourir, comme dès l'abord elle se voit dépouillée par les amis & par les ennemis, elle reviendra bien vite de son premier enthousiasme, & les sensations douloureuses qu'elle éprouvera, feront naître pour elle de nouveaux dangers & de nouvelles calamités, si elle les manifeste. Tel est le sort des petites nations qui se trouvent mêlées dans une guerre entre de grandes puissances ; leur ennemi profite de leur foiblesse, leur allié en abuse.

La

La Hollande n'est point une puissance territo‑
riale, elle est entièrement factice. Industrie,
commerce, existence physique même, rien ne
vient du sol. Ce peuple n'existe que par l'ar‑
gent. C'est à force d'argent que l'argent y vient.
Ni l'égalité absolue, ni la démocratie sans restric‑
tion ne peuvent convenir à un peuple qui a be‑
soin, pour exister, qu'il s'y trouve beaucoup de
riches, pour nourrir beaucoup de pauvres en les
faisant travailler.

Dans leur danger présent les Hollandois n'ont
qu'un parti à prendre, c'est de s'attacher forte‑
ment à leurs nouveaux alliés ; 1°. Pour pouvoir
se donner promptement une constitution stable
& moins morcelée que celle qui unissoit les sept
provinces. 2°. Pour pouvoir se donner une force
navale imposante pour aller défendre leurs colo‑
nies contre l'Angleterre, & réparer par les armes
les brêches de leur commerce, s'il est possible
que les armes dédommagent de ses pertes un état
mercantile, qui ne peut fleurir que par la paix.
3°. Pour pouvoir se débarraser de la surchage de
quatre-vingt mille *amis*, & se décharger du far‑
deau des réquisitions ; si ces mêmes réquisitions
ne sont pas trop exorbitantes, & si elles leur lais‑
sent de quoi faire face aux dépenses du gouverne‑
ment & de la guerre.

On

On a trop vanté depuis longtems les avantages de la conquéte de la Hollande, pour que les Fran-çois ne s'égarent pas dans la conduite qu'ils doi-vent tenir avec les Hollandois. Ils se mépren-dront facilement sur leur véritable intérêt. Ac-coutumés à voiturer à Paris les dépouilles de toute espèce de pays que parcourent leurs armées victo-rieuses, ils auront de la peine à se convaincre que le véritable profit qu'ils peuvent tirer de cette conquête, réside dans leur modération à en user.

Leur système spoliateur leur a fait déjà perdre tout le fruit de la conquéte des Pays-Bas. Ces provinces fertiles, qui dans les guerres précéden-tes suffisoient à l'entretien d'armées nombreuses, ont été si fort épuisées par une administration ty-rannique, que les armées Françoises y meurent de faim, & sont obligées de continuer à tirer leur subsistance de l'intérieur de la France, elle-même épuisée, & qui manque de bras pour l'a-griculture.

Il en est de même de toutes les conquêtes des François le long du Rhin depuis l'Alsace jusqu'à Wesel. Ces pays moins riches & moins fertiles que la Belgique sont tout aussi maltraités, & pré-sentent encore moins de ressources pour la subsis-tance des troupes nombreuses qu'exigent leur dé-fence & la continuation de la guerre.

Si les François, trompés par leur avidité, prennent le parti de *camboniser* la Hollande, ils auront bientôt épuisé ses ressources, quelque grandes qu'elles puissent être. Au bout de six mois il ne leur restera que des regrets. Cependant les Hollandois livrés au désespoir, fatigués de leurs hôtes avides & injustes, commenceront par des murmures & des plaintes. Les esprits s'aigriront entre les deux nations, dont les caractères ne sont riens moins que sympathiques. Le feu couvera sous la cendre, jusqu'à ce que les hazards de la guerre fournissent aux opprimés une occasion d'éclater ; & au moindre revers les Hollandois, dégoûtés d'une alliance oppressive, deviendront des ennemis d'autant plus irréconciliables, qu'ils auront mis plus de bonne foi, de confiance & d'ardeur dans le début de leur union.

Alors le parti de la maison d'Orange se relevera facilement, & sera grossi par le repentir & le désespoir. Quelque colère, soit de prévention soit de justice, que les Hollandois puissent avoir en ce moment contre cette illustre maison, il est impossible que dans leur misère ils ne se rappellent pas que c'est à une suite de héros de cette race qu'ils doivent leur liberté & leur splendeur. Les deux jeunes princes d'Orange ont déployé pendant cette guerre les vertus militaires de leurs ancêtres.

S'il

S'il y a eu des fautes faites dans le gouvernement, ils en sont innocens. Les Hollandois opprimés verront en eux des vengeurs, & la versatilité, inévitable dans les révolutions, les ramenera vers ces deux jeunes guerriers, dont l'histoire a lié pour toujours les noms à la liberté Batave.

Ces jeunes princes ne peuvent pas rester neutres dans la catastrophe de leur maison & du parti encore nombreux qui leur est attaché. Ils seront, ou les vengeurs les plus utiles, ou les ennemis les plus dangereux de leur patrie. Si l'un des deux se présente aux Indes assez rapidement pour prévenir les mesures des patriotes, ils peuvent réussir à démembrer ces précieuses colonies, & s'y cantonner jusqu'à ce que les Hollandois les rappellent. Les Anglois ne pouvant pas se charger de l'entretien de ces nombreuses colonies, aideront la maison d'Orange à les occuper jusqu'à ce que le sort des Bataves soit entièrement décidé.

Voilà les dangers réels que la révolution de la Hollande doit nécessairement entraîner. Quelle sera leur existence politique en Europe, pendant que leurs colonies seront ou démembrées ou ravagées ?

Si les François gardent le pays de Liége & l'incorporent à la république, ils ne peuvent assurer

surer ce département qu'en y joignant Maestricht, qui est son unique point de défense.

Si la Belgique est incorporée, ils ne peuvent s'en assurer la possession qu'en y joignant, 1°. Venloo, pour couvrir la Gueldre Autrichienne. 2°. Toutes les places de la rive gauche de la Meuse, depuis Venloo jusqu'à Williemstadt, pour assurer la navigation libre de cette rivière, & pour couvrir la Campine & Anvers. 3°. Enfin toute la Flandre Hollandoise, pour couvrir la Flandre Autrichienne & la Flandre Maritime Françoise.

Dans ce cas, l'Escaut sera nécessairement débouché; le commerce reprendra la route d'Anvers; Amsterdam, Rotterdam, la Zélande seront ruinées, & ces provinces, jadis si brillantes par les efforts de l'art, n'ayant plus les richesses qui leur étoient nécessaires pour assurer leur existence factice, redeviendront des marais que la mer regagnera sur l'industrie humaine qui les lui avoit arrachés.

Les François ne peuvent pas être indifférens au sort de la Hollande. Ils ne peuvent pas se dissimuler les devoirs qu'impose à un peuple qui parle continuellement de ses vertus, l'alliance

contractée

contractée avec une république plus foible, dont ils auroient à se reprocher la ruine totale & peut-être l'anéantissement.

Mais comme cette considération pourroit paroître foible à des vainqueurs enivrés de leurs succès, ils doivent au moins se représenter leur véritable intérét, qui est

1°. Que la Hollande reste une puissance maritime du second ordre, parce que sa situation qui enveloppe toute la partie orientale de l'Angleterre, est toujours un frein & un danger pour cette puissance rivale, & qu'en conservant cette balance, ils assurent le repos de l'Europe & le bonheur de la France.

2°. Que la Hollande conserve ses colonies dans les deux Indes, pour pouvoir alimenter sa marine, son commerce & son industrie, sans lesquelles elle ne peut pas exister, même physiquement.

3°. Qu'elle se donne un gouvernement solide qui ne contrarie pas ses moyens d'existence. Car la même constitution ne peut pas convenir à tous les peuples. Chaque nation a ses convenances tirées, ou de sa modification topographique, ou

de

de son caractère moral, ou de ses moyens d'existence, auxquelles il faut nécessairement adapter
une constitution qui leur soit propre, sans quoi
son contract social ne peut pas se soutenir, & devient nécessairement le principe de son anéantissement. La Pologne présente un exemple frap-
pant de cette vérité.

Pour parvenir à ces trois points, presqu'aussi
utiles pour la France qu'ils sont nécessaires à la
Hollande, il faut que les François usent des mé-
nagemens les plus généreux envers leurs nouveaux alliés. Il faut

1°, Qu'ils se pressent d'évacuer la Hollande,
pour ne pas l'épuiser, pour ne pas mécontenter
leurs hôtes, auxquels, passé le premier moment
d'union, ils ne peuvent que devenir à charge, &
qu'ils n'y laissent que le nombre de troupes que
l'assemblée nationale Batave jugera absolument
nécessaire pour assurer la confection de sa constitution.

2°. Qu'ils se contentent des immenses maga-
sins que les alliés ont laissés derrière eux en éva-
cuant la Hollande, & qu'ils n'épuisent pas cette
nation par des réquisitions exorbitantes, qui lui
ôteroient les moyens de montrer son gouverne-

ment,

ment, & d'entretenir sa marine, son armée, ses places & ses digues.

3°. Qu'ils ne gênent point la liberté de leurs alliés dans le choix d'une constitution, qu'ils ne cherchent point à les influencer, encore moins à les maîtriser : que les Hollandois ne reçoivent de leur part ni conseils, ni critiques ni ordres: qu'on ne choque avec eux ni la liberté ni l'amour propre national,

4°. Qu'ils sacrifient à quelques égards les intérêts topographiques de la Belgique & du pays de Liége, en ne s'emparant d'aucune place de la Meuse ou de la Flandre Hollandoise, en cas qu'ils incorporent les Pays-Bas dans l'empire François. Cette usurpation laisseroit des traces profondes de haine & de vengeance dans l'ame de cette nation trompée & offensée. La sureté de la France de ce côté réside bien plus dans la confiance intime des Hollandois, que dans la possession de quelques places dont ils les auroient dépouillés injustement. Le même motif doit empêcher l'ouverture de l'Escaut, à laquelle on peut substituer des canaux de communication entre les points principaux de la West-Flandre avec Dunkeque & le département du Nord.

Cette

Cette dissertation sur la Hollande & sur la conduite à tenir par les François eût été très-déplacée sous le *vandalisme* de Robespierre. Alors on ne pensoit qu'à tout détruire, pour assurer la tyrannie la plus absurde. Alors on dépeuploit la France pour mieux l'asservir ; à plus forte raison ne devoit-on pas ménager des peuples voisins. On faisoit la guerre en barbares & en brigands ; on proscrivoit des nations entières.

Tout est changé depuis. La Convention montre de l'humanité, de la modération & de grandes vues politiques. On peut risquer avec elle des raisonnemens, sans craindre qu'elle crie à la trahison.

Le tems est arrivé où les crimes doivent être effacés, où la violence & l'anarchie doivent être remplacées par l'humanité & la justice, où les vertus politiques de la nation Françoise doivent autant surpasser sa gloire militaire, que les avantages solides de la paix sont préférables aux succès brillants de la guerre.

SUR LES CONQUÊTES.

CES réflexions sur la Hollande amenent une question très-intéressante & très-délicate. *Est-il avantageux à la France de garder ses conquêtes?* Au premier apperçu on saisira en faveur de l'affirmative le grand argument que les Jacobins ont mis en avant pour perpétuer les troubles intérieurs & la guerre extérieure. On dira

" Que le Rhin & la Meuse sont les bornes na-
" turelles de l'HERCULE FRANÇOIS : que ce se-
" roit trahir les intérêts d'un peuple victorieux,
" que de rendre inutiles & tout le sang qu'il a
" versé, & tout l'argent qu'il a dépensé, & toutes
" ses souffrances, & toutes ses privations, en le
" dépouillant de ses conquêtes & le restreignant
" modestement à ses anciennes limites."

Cet argument, quoiqu'aussi peu solide que contraire à la justice, & si généralement appuyé par tous les écrivains & les orateurs François, que si un des représentans de la nation osoit exprimer

dans

dans la tribune une opinion contraire, il couroit risque d'être regardé comme traître à la patrie.

Au reste, les François ont le tems de mûrir leur opinion, & de se faire des principes certains à cet égard, car la décision de cette question ne peut avoir lieu qu'à la paix, dont elle sera à la fois le principe, le moyen & le résultat.

D'après les principes de la constitution Françoise, d'après la déclaration des droits de l'homme qui en fait la base, il semble qu'on doit consulter le vœu libre des peuples, avant de les incorporer dans la grande famille. Ce n'est pas pendant que les François occupent leur territoire qu'ils peuvent former & énoncer ce vœu nécessaire. Chaque peuple peut vouloir la liberté d'une manière différente, selon son différent caractère ou ses différens intérêts locaux.

Chaque peuple a le droit, ou d'exercer lui-même sa souveraineté démocratiquement, ou de la déléguer à un petit nombre d'hommes par une constitution aristocratique, ou de la déléguer à un seul monarchiquement. Ce droit est imprescriptible. La nation Françoise terniroit toute sa gloire militaire par la tyrannie la plus impolitique et peut-être la plus dangereuse pour elle-même,

même, si elle ne laissoit pas exercer ce droit aux différens états qu'elle a été forcée de conquérir pour sa propre défense.

Le pays de Liége a toujours paru avoir plus de rapport que tout autre avec la constitution Françoise par le génie de son peuple ; mais sa position topographique, son enclavement dans la Belgique, paroît être un obstacle à son incorporation, à moins que la Belgique elle-même ne se décide à se réunir à la république Françoise. Si cette réunion n'a pas lieu, il est peut-être de l'intérêt du pays de Liége de former une république à part, confédérée avec la république Françoise. C'est aux Liégeois à peser mûrement leurs intérêts & à décider eux-mêmes leur sort.

Quant à la Belgique, les François ont l'expérience du sentiment de la pluralité de ses habitans, d'après ce qui s'est passé après l'évacuation de 1793. Tous les partis également mécontens du système spoliateur se sont réunis de bonne foi au gouvernement, qui n'a pas su profiter de cette disposition. Il n'a tenu qu'à lui d'engager les Belges dans une guerre personnelle contre les François. Il est inutile d'entrer dans le détail des fautes du ministère Autrichien. Il n'a pas assez engagé les Belges pour les intéresser à la défense

de

de leur patrie, mais il les a assez compromis pour les faire traiter comme pays conquis.

Dans toutes les provinces, dans toutes les villes de la Belgique, des hommes turbulens, des brigands révolutionnaires, craignent que les François ne l'évacuent une seconde fois, & ne les abandonnent au juste ressentiment de leurs compatriotes dont ils ont partagé les dépouilles. Ces hommes de sang prêchent violemment l'incorporation. Mais ce n'est point-là la nation Belgique. Le plus grand nombre des Belges est prévenu contre la révolution Françoise. Leurs opinions sur la liberté, sur les opinions religieuses, sur les mœurs sont entièrement opposées. Toutes les demandes de réunion des villes sont l'œuvre du petit nombre opprimant la majorité. Pour juger les dispositions véritables des Belges, il faudroit que l'armée Françoise s'éloignât d'eux, & leur laissât émettre un vœu libre.

On ne peut pas regarder comme un vœu libre la demande qu'au mois de Février quelques provinces de la Belgique ont fait passer par les commissaires pour être incorporées. C'est le cri du désespoir & de la faim. Ces malheureux se voient dépouillés de tout, ils languissent sous tous les genres d'oppression, ils sont sans loi &

sans

sans gouvernement. Ils désirent voir changer leur sort. Voilà leur vocation pour devenir François.

On peut réunir quand on voudra, la Belgique à la France ; mais on aliénera les cœurs, & il faudra toujours traiter ce pays militairement & avec sévérité, ce qui ne convient pas au système fraternel qu'on veut établir dans toutes les parties de l'empire François. A la vérité, à la longue les deux peuples peuvent s'entendre & s'amalgamer, parlant le même idiôme.

Il n'en est pas de même des peuples de la Gueldre, des duchés de Clèves & de Juliers, d'Aix-la-Chapelle, de Cologne, de Trèves & des différentes petites souverainetés tout le long de la rive gauche du Rhin, depuis l'Alsace jusqu'à Wésel. Chacun de ces petits états a des nuances diverses dans son caractère; mais un point d'identité les réunit entr'eux, & les éloigne de l'incorporation à la France. Ils sont Allemands, ils sont liés entr'eux par leur langue, leurs mœurs, leurs opinions, qui n'ont aucune analogie avec la nation Françoise. Ils sont unis au reste de leur nation d'au de-là du Rhin par la grande association Germanique.

Les

Les François peuvent juger d'après les difficultés qu'ils ont trouvées pour répandre leurs principes révolutionnaires en Alsace, province incorporée à la France depuis plus de cent ans, combien il leur seroit difficile de planter leurs principes dans des états qui n'ont pas besoin d'une liberté aussi étendue pour être heureux, qui regardent peut-être l'état actuel de la France comme une dégradation de l'ordre social, & qui n'ont rien à gagner à ce changement de domination, parce que leur incorporation ne les rendra pas François,

Que, même involontairement, le gouvernement François les traitera comme un pays suspect, & les accablera de garnisons & d'impôts, comme des peuples vaincus, ce qui produira un état de guerre sourde & continuelle entre la licence & l'oppression, d'où naîtront des conjurations dangereuses;

Que cet esprit d'inquiétude & de mécontentement aura plus de facilité à se répandre dans l'Alsace, la Lorraine & les Evéchés; qu'ainsi, au lieu d'assurer la tranquillité de l'empire François par cette extension de territoire, on risque de lui faire perdre ou des provinces, ou des places qui font sa sureté, on force son gouverne-

ment

ment à devenir soupçonneux & tyrannique, & on se donne des sujets au lieu de se donner des frères.

Une nation qui aspire à la vertu doit commencer par se donner la première de toutes les vertus, qui est la sagesse. L'enthousiasme peut être nécessaire pour la fondation ou la régénération d'un empire. Il produit les héros. Mais lorsque le danger intérieur est passé pour perfectionner l'ouvrage, il faut surtout de la raison. Dans les grandes occasions elle produit le même effet que l'enthousiasme, & elle est bien plus avantageuse au repos & au bonheur de l'état.

La raison est héroïque dans les ames fortes. Si les ames sont foibles, l'enthousiasme produit le fanatisme, qui, de quelqu'espèce qu'il soit, est violent & tyrannique. Il traîne après lui le meurtre, le pillage & l'intolérance civile & religieuse, & par conséquent l'état de guerre entre les citoyens, tous les excès, tous les crimes & toutes les calamités.

Une telle nation doit pareillement se méfier de l'orgueil national, qui la rend dévastatrice & conquérante. Le François est naturellement humain & généreux. Une société perfide, des ty-

rans

rans hideux ont altéré son caractère. S'il ren-
troit en lui-même, s'il se désennivroit de sa
gloire, il verroit avec horreur que ses armes con-
quérantes n'ont semé dans tous les pays qu'elles
occupent, que les larmes du désespoir & les an-
goisses de la misère.

Une telle nation enfin doit craindre de sou-
mettre plus de pays qu'elle n'en peut gouverner.
Si elle parvient à se donner avec la liberté une
existence heureuse, elle ne doit pas vouloir do-
miner sur des frontières esclaves. Cet amalgame
de deux principes opposés seroit trop dangereux
pour sa liberté. Plus son territoire sera étendu,
plus il lui faudra de dépenses & de troupes pour
le conserver, & jamais la recette ne sera égale à
la dépense, quelque tyrannique que puisse être le
joug fiscal qu'on imposera à des peuples qu'on
ne retiendra que par la force.

QUAND

QUAND ET À QUI LA FRANCE DOIT-ELLE RENDRE SES CONQUÊTES?

S I la nation Françoise, écoutant la voix de la justice & de la prudence, jugeant son territoire assez étendu, bien convaincue du danger de lui donner une plus grande circonférence, calculant les difficultés d'incorporer des peuples qui ne seront jamais François, & qui ne feroient qu'inquiéter son gouvernement & troubler sa tranquillité, prend le parti sage & juste d'abandonner ses vastes conquêtes, & de se resserrer dans ses anciennes limites; quand & à qui rendra-t-elle les provinces qu'occupent ses armées?

L'époque de cet acte sublime de justice & de prudence doit être celui de la cessation des hostilités. On doit convenir entre les plénipotentiaires des nations belligérantes, qu'à une époque fixe les armées Françoises évacueront tous les pays conquis, & se retireront dans leurs limites: que les puissances coalisées ne pourront pas, sous prétexte de souveraineté, faire rentrer des administrateurs

nistrateurs ni des troupes dans les provinces éva-
cuées, avant le terme d'un mois, pour donner aux
peuples le tems d'émettre leur vœu sur la forme
de gouvernement qu'ils voudront adopter, ou sur
les conditions qu'ils voudront faire avec leurs an-
ciens souverains, pour assurer leur bonheur &
leur confiance mutuelle.

D'après les principes qui fondent la constitution Françoise & qui doivent animer cette nation, elle ne peut rendre les peuples qu'à eux-
mêmes. Après les avoir ruinés, elle doit au moins
leur laisser leur libre arbitre sur le choix de leur
gouvernement. Cet avantage dont leurs malheurs les empêcheront d'abuser, est le seul fruit
qu'ils puissent tirer du voisinage & de l'inonda-
tion de la terrible révolution Françoise.

Les princes qui ont été dépossédés par les
François, ne peuvent pas trouver cette condition
trop dure ni déraisonnable. S'ils sont aimés des
peuples qu'ils ont gouvernés avant leur conquête,
ils seront rappellés avec enthousiasme & sans condition. Si les ministres chargés de gouverner
sous eux ont rendu les peuples malheureux, alors,
pour rentrer dans leur possession, il sera passé
entr'eux & leur peuple un nouveau contract social, qui assurera le sort de l'un & de l'autre, &
qui

qui éteindra toutes les sources de discorde &
d'insurrection que la mauvaise administration
d'un côté, l'inquiétude de l'esprit novateur de
l'autre, ont répandues dans presque toute l'Europe.

Les François doivent avoir la sagesse d'abandonner ces peuples à leur génie, à leurs principes,
à leurs opinions pour le choix de leur gouvernement, sans chercher à les influencer. Guéris
eux-mêmes de la Propagande Jacobine qui a couvert de sang & de deuil leur malheureuse patrie,
leur intérêt est que cette dangereuse secte ne
prenne pas racine sur les frontières, pour les agi-
ter encore, & renouveller ses calamités par ses
fureurs & ses vengeances.

Les princes dépossédés de leurs états doivent,
de leur côté, désirer que leur rentrée soit cimen-
tée par un nouveau pacte & par l'assentiment des
peuples. Il seroit à souhaiter que tous les souverains gouvernassent continuellement comme
s'ils avoient été élus, & comme si, en cas de mauvaise administration, l'exercice de la souveraineté
pouvoit être transféré en d'autres mains. De tout
tems les rois ont été faits pour les peuples & par
eux; c'est-là leur titre le plus glorieux & le plus
sacré. C'est celui qui leur est conféré à leur

avènement

avènement au trône avec des cérémonies reli-
geuses, & sous le sceau d'un serment mutuel.

Quiconque dit le contraire aux souverains, les
égare. La monarchie du Dannemarc donne pendant cette terrible époque un exemple bien respectable & bien consolant pour l'humanité & la
philosophie, de l'application de ces grands principes. Un ministre sage & éclairé* ne montre
aux peuples ce souverain que constamment &
uniquement occupé du bonheur de sa nation, &
lui fait recueillir les fruits de la confiance & de
l'amour des heureux Danois.

* Le comte de Bernstoff.

IMPOS-

IMPOSSIBILITÉ DE FAIRE LA PAIX EN CONSERVANT LES CONQUÊTES.

SI la France ne prend pas le parti sage, prudent & juste de rendre ses conquêtes, avec la modification convenable à une nation vraiment libre, conséquente dans ses principes, qui après avoir combattu si glorieusement pour les droits naturels de l'homme, ne doit pas les rabaisser en traitant les peuples comme des troupeaux, en les vendant, les troquant, ou les livrant malgré eux : elle se manquera à elle-même par la plus dangereuse avidité, elle se préparera tous les crimes, la corruption, les inquiétudes, les calamités des conquérans. Elle ne peut travailler ni à l'établissement d'une constitution raisonnable, ni à la cessation de ses troubles, de ses désordres, de son anarchie, de sa disette, & elle s'expose à tous les malheurs d'une guerre interminable, qui, quels que soient ses succès, doit amener pour conclusion sa ruine totale.

On fait sonner bien haut la paix que le comité du bien public vient de conclure avec le Grand
Duc

Duc de Toscane. La petitesse de cet événement, rend puériles toutes les conséquences qu'on paroît vouloir en tirer. Il ne diminue pas d'un grain le contre-poids dans la balance politique de l'Europe. C'est ainsi qu'on égare les peuples, & qu'on leur fait supporter des maux réels en les repaissant d'illusions.

Mais le François a trop le sentiment de ses propres souffrances, pour se laisser endormir plus longtems par de pareilles charlataneries. Il sait bien que la séparation de la Toscane ne peut pas entraîner la rupture de la coalition. Il sait bien qu'aucune des grandes puissances ne peut consentir à abandonner trois électeurs & plus de vingt princes dépossédés par la conquête ; que l'Empire Germanique, malgré son existence précaire & désunie, ne peut pas consentir à ce démembrement qui l'anéantroit, briseroit tous les liens de son association politique, & livreroit ce qui reste encore de cette association à l'*absolutisme* des deux grandes puissances qui l'ont toujours effrayé pour sa liberté.

Jusqu'à présent les Allemands ont supporté la guerre, mais ils ne l'ont pas encore faite. Ils ont combattu sans intérêt personnel pour des intérêts étrangers ; la plupart même blâmoient le motif de

H 2

cet

cet armement, & faisoient secrètement plutôt des vœux pour la France que pour les souverains qui l'attaquoient. Mais dès qu'ils seront bien convaincus que les François ne combattent plus pour leur liberté, mais pour spolier & pour conquérir, alors cette guerre changera de nature, elle deviendra de peuple à peuple, & elle ne peut être que longue & terrible.

DANGERS DE LA CONTINUATION DE LA GUERRE.

TOUTE guerre, quelque glorieuse qu'elle soit, voit arriver une époque de lassitude, où les avantages de la victoire ne compensent plus les dangers & les pertes d'une lutte trop prolongée. Les François savent tous, qu'au moment où toute l'Europe, avouant leur supériorité militaire, leur demande la paix, leur liberté ne court plus d'autres risques que ceux qui peuvent naître des vices des hommes qui sont à la tête de leur gouvernement.

Si jamais ils peuvent soupçonner que leurs re-présentans refusent tous les biens de la paix dont la France a le plus grand besoin, uniquement parce que divisés en deux ou trois factions, ils craignent que la nation, débarrassée de ses inquié-tudes extérieures, ne tourne toute son attention sur eux, ne leur fasse rendre des comptes sévères, & peut-être ne les punisse ; certainement la na-tion ne voudra plus supporter la dépopulation &

la

la famine, uniquement pour l'avantage de la Convention Nationale.

On peut, sans craindre d'affoiblir le courage héroïque des François, leur présenter le tableau des maux qu'ils souffrent, & de ceux dont les menace la continuation de la guerre. Pendant que la gloire sanglante moissonne ses plus braves guerriers, la mauvaise administration dépeuple tous les départemens, les champs sont incultes, les villes sont désertes, les manufactures sont sans bras, la famine & la misère sont extrêmes, la tyrannie des Jacobins a achevé de dévaster ce que la guerre extérieure n'avoit pu atteindre.

Le crédit est entièrement éteint. Les vivres & toutes les denrées de première nécessité sont d'une cherté excessive. L'émission des assignats se multiplie dans une progression effrayante. Chaque mois il est entré en circulation pour trois-cent millions de valeur. Chaque mois la dépense excède la recette de deux à trois-cents millions. Le comité des finances ne présente, pour rassurer la confiance publique & celle des malheureux propriétaires, que de perfides exagérations sur la valeur des biens qui fonde l'hypothèque de ce papier monnoie. L'insensé Cambon n'offre pour diminuer la masse énorme de

cette

cette monnoie fictice que la ressource aussi im-
morale qu'absurde d'une loterie, qui rappelle le
système de Law, & qui n'est pas aussi adroitement
présentée.

Que devient tout le numéraire qu'on vole
d'une manière aussi déshonorante à l'étranger ?
Il retourne sans doute à l'étranger par d'autre
voies, puisqu'on n'en voit point circuler dans la
France; ou bien il est enfoui jusqu'à ce que la
banqueroute se fasse.

Est-ce pendant la guerre qu'on peut penser à
réparer les maux de la France, qu'on peut établir
un système de finances qui remette en vigueur le
crédit, le commerce, les manufactures, l'agriculture, qui fasse cesser la misère publique, & pré-
vienne la banqueroute générale ? Croit-on que
d'ajouter des conquêtes dévastées à des provinces
épuisées puisse garantir de la ruine totale ? Les
réquisitions ont dépouillé de toutes leurs denrées
les provinces soumises aux armes Françoises, &
malgré cette importation la France meurt de faim.
Mais en dépouillant ces provinces avec autant
d'imprudence que d'inhumanité, a-t-on pensé
aux moyens de nourrir leurs habitans ?

Cet

Cet effrayant tableau du mauvais état des finances & des subsistances de la France n'est rien encore auprès de celui de sa dépopulation. A la fin de Décembre, d'après un rapport présenté à la Convention, la guerre a coûté dans les armées Françoises six-cent cinquante mille hommes. Si on ajoute à ce nombre, qui est d'un tiers au dessous de la réalité, ce qu'il en a coûté par l'émigration, la guillotine, la misère & la guerre civile, on appercevra avec horreur que cet état d'anarchie de la France lui a enlevé douze cent mille hommes, sans compter les vieillards, les femmes & les enfans.

Admettons la population de cet empire à vingt-quatre ou vingt-cinq millions d'individus, dont douze millions de mâles ; défalquant de cette masse les vieillards & les enfans, il reste à-peu-près sept à huit millions d'hommes en état de porter les armes, qui en trois ans ont supporté cette perte énorme, dont un sixième doit encore courir les mêmes dangers. Que restoit-t-il pour l'agriculture, le commerce & la marine, & combien de tems la population Françoise peut-elle supporter une aussi effrayante consommation ?

Est-ce avec des étrangers qu'on veut repeupler les campagnes de la France & ses manufactures,
& re-

& recruter ses armées? C'est ainsi que les Romains se sont dénaturés, & se sont perdus. Il est tems de penser à conserver la nation Françoise, de la réunir sous un gouvernement doux, de l'épurer de tous les avanturiers étrangers qui ont grossi le torrent bourbeux de la révolution, ou plutôt des Jacobins dont ils étoient les satellites les plus utiles & les plus actifs.

On vient de voir les pertes qu'entraînera la continuation de la guerre, en la supposant la plus heureuse possible. La conquête ou l'invasion de la Hollande peut devenir la source de bien des maux, par l'abus qu'on fera vraisemblablement de la confiance des Bataves.

Cette conquête rend nécessairement à l'Angleterre plus d'énergie qu'elle ne lui ajoute de dangers. La marine Angloise va être portée à une force formidable, & il est à présumer que tout projet de descente dans cette île sera vain.

La marine Hollandoise ne pourroit ajouter un grand surcroît de force à celle des François, que dans le cas où ceux-ci, usant très-modérément de leur victoire, laisseroient à leurs nouveaux alliés les fonds & les matériaux nécessaires pour la monter. En ce cas même l'intérêt des deux al-

liés

liés seroit d'aller défendre les colonies Hollandoises de l'Inde, & d'y attaquer le vaste empire
des Anglois, plutôt que d'aller risquer d'échouer
contre les côtes d'Angleterre.

Les Anglois se restreignant à la guerre de mer
& à la défense de leur île, avertis de la descente
dont on les menace continuellement, vont dé-
ployer toutes leurs ressources, augmentées de
celles des Hollandois, qu'ils seront fort aises d'a-
voir pour ennemis. La descente en Angleterre
seroit praticable; on pourroit même s'en promet-
tre les plus grands succès, si l'Allemagne se dé-
tachoit de la coalition, & débarrassoit la France
d'une guerre de terre trop étendue, & que les
succès étendent encore davantage.

Si la révolution de la Pologne avoit été plus
heureuse, si Kosziousko avoit eu tout le succès
que méritoient son grand courage & la bonté de
sa cause, il en seroit nécessairement résulté, ou
une paix particulière avec le Roi de Prusse, ou
une diversion très-utile, qui auroit entraîné d'autres puissances que la catastrophe des malheureux
Polonois fera rester neutres.

Le Roi de Prusse tient trop à sa gloire & à la
constitution de l'Empire, dont il est un des principaux

cipaux membres, pour pouvoir faire une paix partielle. Le sort de la maison d'Orange est un nouveau motif pour lui de rompre toute négociation. D'ailleurs, il est personnellement spolié & attaqué dans son duché de Clèves & dans l'Ostfrise. Il paroît qu'il se charge de couvrir le cercle de Westphalie. Quand il y aura rassemblé des forces nombreuses, il ne pourra pas laisser les François établis entre le Rhin & l'Ems, & il cherchera à les repousser d'abord de l'autre côté du Rhin, menaçant d'un côté la Hollande, de l'autre la Gueldre & les Pays-Bas. Ainsi les François seront obligés d'entretenir une forte armée sur le Bas-Rhin, & d'y faire une guerre très-vive.

Plus la victoire couronnera leur audace, plus leur consommation en hommes sera grande, ainsi qu'en denrées, munitions & argent, surtout si poursuivant leurs ennemis, ils s'enfoncent dans les landes de la Westphalie & de l'électorat d'Hanovre, qui ont été le tombeau de cent mille François dans la guerre de 1757.

Vraisemblablement les François ouvriront la campagne par les deux sièges de Luxembourg & de Maïence. Vraisemblablement le secours & la défense de ces deux places seront le but des efforts

des

des Impériaux. Ces deux sièges, même en réus-
sissant, devront coûter beaucoup à la France.
Les Impériaux ne parviendront peut-être pas à
ravitailler Luxembourg; mais Maïence sera défendu par des armées, & les François ne peuvent
réussir à le prendre, qu'en l'attaquant par les
deux rives du Rhin à la fois.

C'est là que les deux nations doivent se battre
à outrance, non plus pour les intérêts des rois &
des princes, mais pour leur propre existence;
surtout la nation Allemande. Si les François ont
le malheur d'être repoussés, leur retraite sera très-
dangereuse, & ils seront chassés rapidement des
pays dévastés & mécontens qu'ils occupent à présent.

S'ils réussissent à prendre ces deux places, ils
n'auront occupé que deux points de plus, &
comme les Allemands se trouveront de l'autre côté
du fleuve, ils ne pourront dégarnir aucune des
parties de cette longue défensive, qui leur occu-
pera plus de cent mille hommes, que la misère
du pays laissera toujours à la charge de l'intérieur
de la France.

L'épuisement, la misère, le dégoût, la nudité
diminueront ces armées qu'il faudra toujours recruter

cruter de l'intérieur, & la conservation de ces conquêtes précaires achevera de ruiner & dépeupler la France, bien loin de terminer ses calamités.

Du côté de l'Italie, plus on avancera, plus il faudra augmenter les armées. Le dernier rapport fait en Decembre 1794 à la Convention, prouve que la mortalité a détruit celle qui a agi tout près des frontières. Tout ce qu'on use d'hommes, d'argent & de subsistances de ce côté, est en pure perte ; car certainement les François ne peuvent pas avoir l'intention de conquérir l'Italie, bien certains de ne pouvoir pas la garder.

D'ailleurs, tant que les flottes combinées auront dans la Méditerranée la supériorité sur la marine Françoise, les succès seront bien incertains en Italie, & le gouvernement François doit bien plutôt craindre, que tandis que ses armées seront enfoncées en Italie dont le climat les détruira, on ne tombe sur leurs côtes méridionales dénuées de défenseurs, & peut-être agitées par les factions qui les déchirent.

Il seroit bien plus sage au gouvernement François, s'il ne veut ou ne peut pas neutraliser toute l'Italie, ce à quoi il devroit tendre, de se borner

de

de ce côté à une défensive exacte, qui ne dépas-
sât pas ses frontières, pour au moins diminuer
une des sources de son épuisement & de la com-
sommation de ses braves soldats, dont il prodi-
gue le sang avec une indifférence dont la nation
pourroit un jour lui faire rendre le compte le plus
sévère.

Tout ce qu'on vient de dire sur la guerre d'I-
talie, s'applique avec autant de justesse à la guerre
d'Espagne. Quand même les François s'empare-
roient de la Biscaye, de la Navarre, de l'Arragon
& de la Catalogne, on ne peut pas croire qu'ils
soyent assez dépourvus de raison, assez ennemis
d'eux-mêmes, assez égarés dans leurs principes
constitutionnels, pour avoir la prétention de garder ces conquêtes. Il faut cependant prendre
beaucoup de places & donner beaucoup de com-
bats pour réussir. Que de gloire inutile & même
nuisible ! Que de sang versé mal-à-propos !

Tels sont les dangers de la France triomphante.
Si au contraire le terme fatal de ses victoires est
arrivé, si des défaites, des maladies, l'épuisement
détruisent ses armées, & les ramenent sur ses
frontières où regnent la famine & la discorde,
qu'aura à repondre la Convention Nationale à ces
braves soldats, dégoûtés de ces guerres extérieu-

res

res inutiles, furieux d'avoir été sacrifiés mal-à
propos, lorsqu'ils lui diront :

" On vous a offert la paix ; vous avez été les
" maîtres des conditions. La liberté Françoise
" étoit assurée ; elle alloit être reconnue de toute
" l'Europe. Vous avez compromis la gloire de nos
" triomphes passés : vous avez épuisé notre pa-
" trie. Au lieu d'y retrouver l'abondance & le
" repos, nous la voyons inculte, ruinée & dans
" les larmes du désespoir. Votre insatiable ava-
" rice, contraire à nos principes constitutionnels,
" nous a rendus les instrumens d'un système ini-
" que de conquête & de déprédation, qui nous
" fait détester des peuples qui nous environnent.
" Vous nous avez sacrifiés à votre intérêt parti-
" culier, parce que la crainte que vous avez eue
" d'une faction féroce, vous a fait condescendre
" à partager ses crimes & ses violences. Vous
" avez abusé de la confiance d'une nation dont
" vous avez fait le malheur, lorsque tout con-
" couroit à la rendre la nation la plus heureuse
" de la terre."

Il est à croire que la Convention Nationale, dé-
livrée du joug de ses vils tyrans, ne s'exposera
pas à de pareils reproches, qui seroient d'autant
plus terribles qu'ils deviendroient le cri universel

de

de la nation. Elle doit sentir que sa force dépend de l'opinion que la nation aura de sa conduite. Elle doit à l'avenir montrer beaucoup de
force au dedans, & beaucoup de modération au
dehors.

Elle tient dans sa main la paix ou la guerre.
D'un mot, elle peut faire cesser les calamités de
la France & les maux de toute l'Europe. Elle
n'a qu'à annoncer qu'elle ne veut rien au de-là de
ses anciennes limites ; les armes tomberont des
mains de toutes les puissances réunies contr'elle.

Si après cette déclaration quelque puissance,
ce qui n'est pas probable, aveuglée par l'orgueil,
la force à continuer la guerre, alors ce ne sera
plus une guerre de peuple à peuple : la nation
Françoise conservera dans l'opinion générale ses
premiers avantages, & convaincue de la sagesse &
de la modération de ses représentans, ainsi que de
la justice de sa cause, non seulement elle ne mur-
murera point contre cette nécessité, mais elle reprendra une nouvelle vigueur, & fera de bon
cœur de nouveaux sacrifices pour sa gloire militaire & sa dignité nationale.

DE LA CONVENTION NATIONALE.

L A Convention Nationale doit désirer la paix, pour pouvoir détourner de dessus la France toutes les calamités & tous les dangers de la continuation de la guerre, mais surtout pour éteindre toutes les factions qui déshonorent la révolution Françoise, pour asseoir les bases de la constitution, & surtout pour former un gouvernement. Il est plus tems que jamais de s'occuper efficacement de ces trois grands objets.

Jusqu'à présent il n'y a jamais eu dans cette assemblée un vrai parti de l'opposition. Elle a toujours été tyrannisée tour-à-tour par des factions qui la dominoient sans éprouver de résistance. La plus odieuse a été celle de Robespierre. Ses continuateurs, nommés les *Crétois,* sont peu nombreux, mais la Convention, malgré l'appui de l'opinion publique bien prononcée, n'ose pas prendre un parti sévère à leur égard, & cette timidité déplacée la jette dans quantité de fausses

K

démarches,

démarches, qui la rendent incapable de considé-rer l'avenir, & de travailler en grand.

Au seul mot de royauté ou de roi, tout le monde frémit & murmure. Au seul mot de ré-publique, tout le monde se lève en masse, & fait des *brouhahas* & des sermens, non comme des chefs de peuple, mais comme des conjurés. Chaque jour l'esprit de la Convention dépend de celui des gens qui emplissent les tribunes, qui sifflent ou caressent les membres qui parlent selon leur sens. C'est ce qui produit tous ces décrets contradictoires, qui deviennent la dérision des gouvernés & la honte des gouvernans.

Le peuple François a délégué l'exercice de la souveraineté à des représentans, & ceux-ci, comme des acteurs sur un théâtre, sont exposés aux applaudissemens ou au blâme de trois ou quatre mille spectateurs, hommes & femmes, qui forment une autre représentation, gagée par des intrigans pour influencer leurs opinions. Voilà ce qu'on appelle la liberté. Quand est-ce que ce peuple-roi, las de se tourmenter lui-même, re-connoîtra que le pire de tous les despotismes est celui de la multitude?

Si le peuple veut exercer la souveraineté en masse, il ne doit pas se nommer des représentans inutiles. S'il croit avoir besoin de représentans, il doit leur attribuer tous ses droits. Nul état ne peut subsister sans une subordination graduée & rigoureuse. Elle manque en France dans la partie la plus essentielle. Tant que ce vice subsistera, il est impossible d'établir un gouvernement & tant que le gouvernement ne sera pas établi sur une base solide, la liberté est en danger.

La Convention Nationale ayant abattu la puissance rivale des Jacobins, doit se hâter de se donner de la dignité : la nation ne peut ni ne veut pas la lui refuser. Elle doit chasser de son sein les membres qui la déshonorent par leurs excès & par les scènes dégoûtantes qu'ils donnent au public; elle doit imposer le silence le plus absolu aux tribunes ; elle doit se donner les marques extérieures convenables à la représentation d'un grand peuple. Elle doit commencer par se respecter elle-même, pour qu'on la respecte. Ses immenses travaux ne devroient jamais être interrompus par des incidens puériles, par des scènes indécentes, qui servent à la décrier.

Elle doit penser que tout est encore à faire ; que la révolution n'a amené qu'un cahos informe; que le vaisseau de l'état flotte entre deux constitutions, l'une monarchique, l'autre républicaine; que l'opinion publique n'est pas encore in-

variable-

variablement fixée sur la plus importante des questions, savoir:

Si la monarchie limitée convient mieux au bonheur de la France que la république?

que cependant le gouvernement ne peut être établi que d'après la solution de cette question.

Le tems est venu où cette question peut & doit être posée. Sous la tyrannie des Jacobins, on ne pouvoit ni écrire ni parler ni penser sur cette matière. Il est resté quelques traces de cette tyrannie dans la manière dont la Convention a été entraînée pour le décret contre le livre de Lacroix. Quelques mois plutôt cet auteur estimable eût été mis en pièces. A l'époque où un homme proscrit, qui ne respire que pour le bonheur des François, qui gémit sur leurs dangers plus que sur son propre sort, écrit ces réflexions qu'il dédie à sa patrie, le livre de Lacroix est lu, & gagne tous les jours des partisans.

Avant la fin de l'année, la nation fatiguée des désordres de l'anarchie, aura décidé cette question importante. Elle se lassera d'être violemment dominée par ses égaux, capricieusement, sans lois fixes, d'être assujettie à un gouvernement

ment révolutionnaire, toujours flottant entre la terreur & le crime.

Il est incroyable qu'un peuple qui a fait les plus grands efforts pour la liberté, ait pu laisser former les tribunaux & les comités révolutionnaires qui l'ont précipité dans l'esclavage le plus odieux, & qu'il n'ait pas jugé d'avance, que cet établissement qui ne pouvoit jamais produire aucun bien, devenoit un fléau national entre les mains d'un homme ou d'un comité qui s'en empareroit.

Certainement, avant la fin de l'année, le gouvernement révolutionnaire sera aboli, & si la Convention vouloit le soutenir, elle seroit entraînée par la chûte violente de cet odieux despotisme. Mais pour opérer le passage de ce gouvernement tyrannique à un gouvernement légal, il faut aborder sérieusement la grande question, & décider entre la constitution républicaine & la constitution monarchique.

La Convention Nationale ne peut pas avoir le désir criminel de conserver à la fois le pouvoir législatif & le pouvoir exécutif ; car c'est là précisément le despotisme, & c'est contre le despotisme que la nation entière est

armée

armée & en garde. D'ailleurs la Convention Nationale compte dans son sein un grand nombre de bons patriotes & de gens éclairés qui s'opposeroient de bonne foi au projet absurde de cette usurpation.

Les deux pouvoirs seront donc séparés nécessairement. Le peuple, d'après son droit naturel & imprescriptible, conservera le pouvoir législatif, qu'il exercera par ses représentans. Quant au pouvoir exécutif, il le déléguera ou à des représentans choisis *ad hoc*, ce qui constituera la république, ou à un seul, ce qui constituera la monarchie limitée.

Dans le premier cas, la Convention Nationale sera forcée de refondre la constitution qu'elle a décrétée, ouvrage de la précipitation & de la terreur. Rien n'est prévu dans cette constitution, & elle n'est favorable qu'à la tyrannie.

DE LA RÉPUBLIQUE.

POUR l'établissement ou l'affermissement de la république Françoise, une autre question se présente. Restera-t-elle démocratique, ou l'établira-t-on aristocratique ? C'est-à-dire, tous gouverneront-ils, ou remettra-t-on le sort de l'état entre les mains d'un petit nombre de gens élus ? Cette question est facile à décider. Un vaisseau seroit bientôt submergé, si tous les matelots faisoient l'office du pilote.

La démocratie ne convient pas même au gouvernement d'une bourgade. Sa turbulence ne lui permet aucune assiette fixe. Le bonheur & la sureté en sont bannis. N'ayant jamais une constitution solide, le premier ambitieux qui s'empare d'une faction, séduit le peuple en lui livrant pour victimes ses propres ennemis. Le prétexte du bien public est son arme & soutient sa tyrannie, jusqu'à ce qu'une autre faction détrompe le peuple, qui immole sa première idole.

La

La démocratie ne semble revétir ses représentans de sa confiance que pour les placer en butte
à ses soupçons. La consolation de ceux qui ne
parviennent pas aux grands emplois du gouvernement, est de vexer continuellement ceux qui
en sont revétus, & souvent de les immoler.

La démocratie n'admet l'égalité que pour con-
fondre tous les rangs, & ses orateurs ne la prêchent que pour arriver à la domination.

Il est incontestable que les hommes naissent
égaux, mais cette égalité n'est absolue qu'entre
des hordes sauvages qui n'ont ni propriétés ni
arts, ni forme d'association, ni gouvernement.
Méme entre ces sauvages elle n'existe pas, si l'un
est plus fort que l'autre.

Dans l'ordre social l'égalité n'est que devant la
loi, qui ne doit connoître ni grands ni petits,
mais des innocens & des coupables. Tout homme
qui est obligé de travailler pour un autre, est son
inférieur. Si cette subordination graduelle est
nécessaire pour le maintien de la société, à plus
forte raison celle des gouvernés envers les gouvernans est-elle nécessaire au maintien de l'état.

C'est cette subordination qui ne peut jamais
exister avec la démocratie. On voit que depuis
l'établis-

l'établissement de la république, le peuple François fait tous ses efforts pour se rallier toujours
autour de la Convention, parce qu'il sent le besoin d'être gouverné ; mais il s'égare toujours sur
sa prédilection, il se voue successivement à la
faction de la Gironde, aux Jacobins, à Robespierre, au parti encore mal développé des modé-
rés ; mais on voit qu'il ne fait que suivre le sentiment intime de la nécessité, & qu'il n'a ni confiance ni respect pour la machine gouvernante.
Voilà une partie des inconvéniens de la démocratie ; il en est beaucoup d'autres qu'une funeste
expérience a développés à la nation.

La république ne pourroit donc se soutenir en
France qu'aristocratiquement, par l'établissement
d'un sénat. Mais quels sont les êtres privilégiés
dont les talens & les services ayent assez mérité
la confiance publique, pour les élever au dessus
des autres ? Si ce choix se faisoit par une élection
temporaire, outre qu'il seroit soumis à toutes les
agitations des factions, à toutes les corruptions des
ambitieux, il ne donneroit pas à ce sénat plus de
considération que n'en ont obtenu les trois as-
semblées successives ; ou bien il écraseroit l'assemblée législative, absorberoit les deux pouvoirs,
& deviendroit despote.

Si on le nommoit à vie, ce seroit se donner un grand nombre de rois; bientôt la clientèle s'amasseroit autour d'eux. Les factions deviendroient régulières, & on verroit naître en France des Sylla, des Marius, des Pompée, des César, qui déchireroient leur patrie, & finiroient par anéantir la république.

L'institution de toute république, de quelque forme qu'elle soit, quelque sévère & prévoyante que soit sa constitution, tend toujours à se relâcher, & toute république finit par la tyrannie. L'éloquence est un des plus grands dangers du gouvernement républicain. C'est dans le silence du cabinet qu'on gouverne les hommes avec sagesse. Dans la tribune on les enivre, on excite leurs passions, & on les égare.

Si la France persiste à vouloir garder l'état républicain, sa révolution ne finira pas même avec la guerre. Elle deviendra même peut-être plus terrible & plus sanglante encore, lorsque les armées rentreront dans leur patrie, qu'elles trouveront déchirée par des factions entre lesquelles elles se partageront.

Sparte étoit une république, elle avoit des rois: l'Angleterre peut bien être regardée comme une répu-

république, elle a des rois. C'est même la balance des deux pouvoirs bien établie, qui fait dans l'un & dans l'autre de ces deux exemples la solidité de la constitution, & par conséquent le bonheur & la force de la nation.

La France peut donc rester république une & indivisible, si le peuple retient le pouvoir législatif qui est l'essence de l'état républicain, en revêtissant un homme du pouvoir exécutif sous le nom auguste de roi, qu'on a cherché par toutes les grossièretés Jacobines à rendre odieux aux François sans pouvoir y parvenir ; car ce peuple a trop d'esprit pour sacrifier son bonheur à une guerre de mots.

DE LA MONARCHIE CONSTITUTIONNELLE,

LA même secte qui divinisoit Marat étoit faite pour avilir jusqu'au nom de roi, & chercher à l'effacer de la langue Françoise. L'extinction de cette méprisable secte doit entraîner celle de toutes les absurdités atroces dont elle s'est servie pour dénaturer la nation. Ce n'est plus un crime de parler de royauté.

On peut avancer, sans craindre la guillotine, que la monarchie, modérée par un sénat, est la forme la plus parfaite de tous les gouvernemens humains. 1°. Parce qu'en fuyant la royauté, on tombe nécessairement dans l'anarchie. 2°. Parce qu'en considérant la foiblesse de la nature humaine, il y a moins de danger à donner sa confiance à un seul homme dont les désirs sont remplis d'avance, qui n'a rien à gagner, mais au contraire tout à perdre en mécontentant le peuple, & en le tyrannisant, qu'à cinq cents hommes nouveaux, dont les intérêts & les passions ne peuvent se satisfaire qu'aux dépens du peuple
qu'ils

qu'ils pillent, vexent & massacrent sous le nom du bien public.

Si un roi constitutionnel a des vertus, il tient à son peuple, & il s'identifie avec son bonheur & sa gloire. S'il a des vices, il tient à sa brillante place, & il soumet ses passions à sa politique, de peur de la perdre. Quelque soit son caractère, tous les yeux sont dirigés sur lui, l'assemblée des représentans de la nation le surveille, la constitution le dirige ou le redresse, & s'il affecte la tyrannie, cette même constitution le punit. Ainsi un roi constitutionnel peut faire du bien à tous, & ne peut nuire qu'à lui-même.

Que les François réfléchissent à toutes les humiliations, toutes les bassesses, auxquelles presque tous ont été soumis depuis cette brillante révolution, devant des hommes, aux plus leurs égaux, souvent au dessous d'eux, soit pour obtenir un remboursement en papiers incertains, soit pour faire reconnoître sur la grande inscription des créanciers de l'état une dette qui étoit bien plus assurée par des contracts, soit pour sauver des cachots ou de la guillotine des parens ou des amis, soit pour obtenir des emplois qui pussent assurer leur subsistance, soit enfin pour jouer un rôle, en s'associant aux assassinats, aux crimes &

aux

aux profits illicites de leurs vils protecteurs ; &
qu'ils se disent : *telle est notre liberté! telle est la
souveraineté du peuple !*

Mais, dit-on, le gouvernement marche, les
armées Françoises sont victorieuses par tout, la
nation est élevée au plus haut point de gloire où
elle soit jamais parvenue. Oui, l'exaltation des
ames, fruit de la révolution, a produit l'héroïsme
au dehors, & la barbarie dans l'intérieur. Mais
que le François considère, d'un côté ses trophées,
de l'autre ses malheurs & les crimes des hommes
qui ont abusé de sa confiance, & qu'il avoue de
bonne foi qu'il ne voudroit pas recommencer
cette affreuse carrière, & qu'il n'aspire qu'au moment de voir terminer sa révolution.

Quant au gouvernement, de l'aveu même des représentans, il ne marche pas. Tous les moyens sont
forcés. Dépenses excessives, dettes accumulées, ressources fausses ou exagérées, réquisitions tortion-
naires, consommation effrayante d'hommes & de
bestiaux, commerce ruiné, conjurations toujours
renaissantes, crimes récompensés ou impunis ; voilà
ce que présente la lecture du journal de toutes
les séances de la Convention.

Un

Un gouvernement qui attente à la liberté, à la propriété des citoyens sous prétexte du bien public ; qui, avouant l'injustice de ses décrets spoliateurs, soutient qu'il faut les maintenir ; qui, avouant que les crimes les plus atroces ont été commis, rejette les pétitions qui demandent la punition des coupables, sous prétexte du danger de faire rétrograder la révolution en regardant en arrière ;

Un gouvernement qui punit les opinions comme des crimes ; qui favorise les délations, l'espionnage, qui corrompt les mœurs en récompensant les délits les plus atroces ; qui tremble toujours devant l'opinion publique, & qui cherche à la maintenir dans l'erreur, en trompant & flattant le peuple ; qui sous le prétexte d'établir l'égalité, favorise l'ambition d'hommes sans principes, sans éducation, auxquels l'abjection de leur existence précédente ne peut avoir inspiré que des sentimens bas, de la grossièreté, de la férocité, de l'avarice ;

Un gouvernement qui exclut des emplois publics les hommes que leur éducation en rend susceptibles, uniquement parcequ'ils sont de la classe noble ; qui contrarie ces mêmes principes

de

de l'égalité, en abaissant cette même classe noble
à la condition des esclaves ;

Un gouvernement qui sous prétexte de la liberté favorise la licence la plus effrénée ; qui pro-
fane & détruit tous les cultes ; qui exerce une
intolérance barbare & une persécution atroce envers leurs ministres, après les avoir injustement
spoliés ; qui substitue à une religion antique, fondée sur la morale la plus sublime & la plus con-
solante, un Paganisme puéril qu'on pardonneroit
à peine à l'enfance des premiers âges du monde ;

Un tel gouvernement est la vraie tyrannie, ca-
ractérisée par toutes ses fureurs & ses foiblesses.
Il est inconséquent, versatile & toujours entrainé
par la fougue du moment. Un état de révolution & de guerre générale peut seul faire patienter
sur ses excès & tolérer ses abus, mais il ne peut
pas durer ni devenir la base du système social d'un
grand peuple.

Plus la nation a déployé de constance pour repousser les attaques extérieures, plus elle a montré de patience pour supporter les crimes de ses
tyrans, le dépouillement, les embrasemens des
villes, les dépopulations des campagnes, la misère

sère, la famine: plus elle sera impatiente du résultat.

Après avoir secoué le joug de la plus effrayante
tyrannie, la nation ne continue sa confiance à la
Convention Nationale, que parce qu'elle est per-
suadée que la grande majorité de ses membres
abhorre le passé, & veut de bonne foi travailler à
faire cesser le brigandage, le meurtre, l'anarchie
& les calamités qui ont fait de la France une vaste
prison ou un cimetière.

Elle a besoin de la paix & d'une constitution
solide, qui sépare & tempère les deux pouvoirs:
elle a besoin d'un gouvernement actif & éclairé,
qui calme les passions, & assure le bonheur public. La guerre & les conquêtes consommeront
sa ruine, sa dépopulation & son anarchie. La
constitution républicaine perpétuera la corruption,
les crimes & les troubles intérieurs, & conduira à
des guerres civiles & à l'anarchie, dont la tyrannie est la fin. La constitution monarchique peut
seule la sauver.

On estime assez la saine majorité de la Convention Nationale pour la croire bien pénétrée de
cette vérité incontestable. Si elle ne se hâte pas
de la prononcer elle-même, bientôt le vœu géné-

 ral

ral lui annoncera impérieusement la révolution que l'expérience la plus funeste a produite dans l'opinion publique. Alors la Convention non seulement n'aura pas le mérite dont elle peut s'honorer en préparant & prévenant l'opinion publique; mais entraînée elle-même par le torrent, elle ne pourra pas apporter la mesure de sagesse & de prudence dans la grande décision du sort de la nation, qui deviendra peut-être extrême, si elle est inspirée par cette fougue qui n'a que trop caractérisé toutes les époques de cette étonnante révolution.

François, il est tems pour vous de cueillir les fruits de vos efforts, de votre sang, de vos souffrances ; il est tems de mettre fin à vos calamités ! Il vous faut la paix; on vous la demande, & elle dépend de vous. Il vous faut une constitution monarchique : elle est faite, le tems & l'expérience la perfectionneront. Il vous faut un gouvernement; vous tenez dans les fers un jeune prince dont les malheurs anticipent l'éducation, & dont l'innocence assure les droits.

Grâces à votre valeur indomptable, aucune nation étrangère ne peut plus vous faire la loi. D'un côté, la vraie gloire, la vertu, l'assurance des propriétés, la renaissance du commerce & des

arts,

arts, le respect de tous les peuples & de tous les
siècles, joint à votre propre estime: de l'autre,
une fausse gloire, les crimes, la misère, la dépopulation, la banqueroute, l'anarchie, la guerre
civile, la tyrannie & la subversion totale de votre
patrie. Choisissez ! Votre sort est entre vos
mains; hâtez-vous de le décider.

DUMOURIEZ.